Patricia Welsh

Liebe UND ANDERE SCHMERZEN

Bibliografische Information der Deutschen Nationalbibliothek:
Die Deutsche Nationalbibliothek verzeichnet diese Publikation
in der Deutschen Nationalbibliografie; detaillierte bibliografische
Daten sind im Internet über http://dnb.dnb.de abrufbar.

Die Originalausgabe erschien 2013 bei Lulu Press, Inc.

Erweiterte Neuauflage 2017

Herstellung und Verlag: BoD – Books on Demand, Norderstedt
ISBN: 978-3-744-88346-7

„Was der Tag auch bringen mag:
Er bringt nie mehr als man gibt"

Patricia Welsh

Liebe

Gedanken eines Liebenden

Gott, der krönt die Liebe,
nur ein König krönt sich selbst.
Und das was ewig bliebe,
das ist Liebe; und die Welt.

Blumen schenkt man stetig,
nur ein einz'ger, der schenkt sich.
Weißt du, dass ich ewig
immer denke nur an dich?

Herzen malen viele,
nur ein einz'ger, der malt dich.
Kennst du die Gefühle,
die mich binden fest an dich?

Jeder fühlt die Liebe,
doch ein einz'ger liebt nur dich.
Schenke dir Gefühle,
wünschte, du begehrtest mich.

Keiner liebt alleine
doch ein einz'ger will nur dich.
Kennst du diesen einen?
Dieser eine; das bin ich.

Verliebt

Mein Herz ist ganz beflügelt,
es strebt so weit davon.
Und öffnet seine Segel,
als könnt' es schweben schon.

Es windet sich so schwere,
und schenkte dir nen Blick.
Sodann es sicher wäre,
du schautest gern zurück.

Lieben heißt Schenken

Fang' mir einen Schmetterling,
ich nähme ihn aus deinem Herz.
Schenk' mir einen Himmelsstern,
ich füllte ihn mit Schmerz.

Bring' mir eine Rose,
ich holte sie aus deinem Kuss.
Gib' mir deine Liebe,
ich verschlänge sie voller Genuss.

Schenk' mir dein Vertrauen,
aus deinen Augen will ich's nehmen.
Und gib' mir deine gute Hand,
denn all das will auch ich dir geben.

Unsterblicher Geliebter

Mein unsterblicher Geliebter,
dir allein gehört die Nacht.
Denn sie hat mir all den Gram
und das ganze Leid gebracht.

Sie war rücksichtslos
und schier verdorben.
Und ich bin vor Schmerzen,
in ihrem Arm gestorben.

Mein unsterblicher Geliebter,
dein sei der Tag, der mich erfüllte.
Der mir mit seiner Sonne
den dunklen Pfad erhellte.

Mein unsterblicher Geliebter,
dir allein gehört mein Denken.
Jeden Blitz der Erinnerung,
jedes Lachen, will ich dir schenken.

Ein Lachen, das auch weint,
mit einer Träne, die ganz lieb
schon seit langen Jahren
die schönsten Verse schrieb.

Mein unsterblicher Geliebter,
wo geht sie hin, die Zeit?
Nimmt sie uns nicht mit,
wenn wir sterben an dem Leid?

Ich liege hier im Sterben,
decke meine Augen zu.
Und hoffe ich werd schlafen,
ewiglich in aller Ruh'.

Ich wünscht' mir nur einen Kuss,
zu wissen, du tust mich noch lieben.
Doch schon werd' ich schwach
und weiß, du wirst ihn mir nicht geben.

Sonnenblumenduft

Sonnenblumenduft glitzert in deinen Augen,
zaubert die schönsten Perlen in dein Gesicht.
Erzählt dir von der Liebe und dem Glauben,
und auch im Kriege verlässt er dich nicht.

Sonnenblumenduft erfüllt deinen
                          großen Traum,
lässt dich tanzen, hüpfen, springen.
Und du kannst den Vögeln in die
                          Augen schau'n,
wenn sie für dich singen.

Sonnenblumenduft erkennt die einsame Stille,
die in jedem von uns ewig lebt.
Und er gibt uns Stärke, Kraft und Wille,
damit die Seele dem entschwebt.

Aufgewacht

Gähnend streckst du dich in deinem Bette,
hast noch Träume in Augen und Gesicht.
Und nun, da ich dich aus dem Schlaf errette,
möchte ich dir schreiben ein Gedicht:

„Mein kleiner Prinz, wie war dein Schlaf,
                wie war die Nacht?
Hast du deine Träume wohl genossen?
Wenn die Angst dich um den Schlaf gebracht,
ist nicht selten Blut geflossen.

Wie viel Tränen berührten deine Wangen,
                deinen Mund?
Und wann hast du dich gefühlt allein?
Nun küsste ich dir deine Lippen wund,
um dir zu zeigen:
        ,Ich werd' immer bei dir sein.' "

Schicksal

Ich habe kalt, ich friere nicht.
Vielleicht ein wenig, innerlich.
Ich denke, aber träume nicht,
nur innerlich, aus versehentlich.

Getrieben von dem Gedanken,
den man ängstlich weiß.
Wie Schiffchen, die versanken,
so wird mein Herz ganz Schweiß.

Auf dem Kornfeld

Unendlich weit scheint das Kornfeld zu sein,
unendlich hell der Sonne klarer Schein.
Unendlich schön, mit dir hier zu liegen,
unendlich leise ist die Welt,
          ewiglich verschwiegen.

Nur die Vögel in dem Walde
zwitschern aus der Stille raus.
„Junges Mädchen, du musst balde,
ach, so balde nach Haus'."

Vieltausend Blicke bereits getauscht,
vieltausend Worten lieb gelauscht.
Vieltausend Momente schon gespürt,
vieltausend Mal einander berührt.

Lippen sinken in die Seele,
die Liebe reich zu schenken.
Die Ruhe führt die Herzen,
dass sie ewig einander denken.

Liebestanz

Engelsflügel schwebend weich,
körperlich fliegend leicht.
Wirklichkeit, verlierend schön,
ohne Wahres wahr zu seh'n.
Giftig' Schönheit holder Glanz,
Freud' des Himmels, Liebestanz.

Vielleicht noch einmal

Vielleicht noch einmal
könnt' ich dich lieben,
einmal noch ein
nicht wirkliches Gefühl vergeben.
Vielleicht noch einmal
könnt' ich für dich lügen,
und für Sekunden
mein eigenes Herz betrügen.
Vielleicht einmal noch
könnt' ich in deine Augen sehen,
und deine Gefühle
für mich verstehen.
Vielleicht noch einmal
könnt' ich mit dir denken,
dir zuckersüße Wörtchen schenken.
Vielleicht noch einmal
deine tollen Lippen küssen,
dann würdest du
aber sicher alles vermissen.
Vielleicht noch einmal
hoffe ich auf dein Vergessen,
und dein langsam
sicher zerstörtes Gewissen.
Einmal noch
strich ich dir durch dein glitzerndes Haar,
um noch einmal zu wissen,
wie glücklich ich war.

Dein güldenes Haar

Tränen füllen die Strähnen,
die Worte sind wahr.
Ich wollt's nicht sagen,
die Tränen in deinem güldenen Haar.

Gen Norden scheint die Sonne,
so wie sie gestern schien.
Aber heute bin ich traurig,
weil ich nicht bei dir bin.

Die Tränen, verwischt aus deinem Gesicht,
nässen dein güldenes Haar.
Die Sonne trocknet sie nicht,
sie ist nicht mehr da.

Winterbotschaft

Blumen sind verblüht,
es bleibt nur der grüne Rest.
Mein Herz ist verglüht,
weil sich nichts lieben läßt.

Die Wolken schweifen,
es wird so kalt.
Der Winter kann reifen,
der Sommer ist zu alt.

Die Vögel mir sangen,
erzählten von dir.
Deine Botschaft mir brangen,
dein Herz gehört mir.

Zuckersüße Gedanken

An meinen zuckersüßen Worten
                    erfreust du dich,
in jeder freien Sekunde liebst du mich.
Nimmst mich, wenn ich deine Nähe
                    gebrauchen kann,
wenn ich den Faden verliere, bleibst du dran.

Du erfreust dich an meinem großen Herzen,
und meinem Kopf, der immer an dich denkt.
In der Einsamkeit der öden Wüste ist er es,
der mir die schönsten Erinnerungen
                    an dich schenkt.

Engel der Liebe

Es flog ein Engel durch die Nacht,
küsste dich im Schlafe sacht.
Brachte von der Liebsten einen Gruß,
voller Sehnsucht heißer Kuss

Damit du schläfst ruhig und schön,
und erhoffst das Wiedersehn.
Damit du weißt und nie vergisst,
dass es jemand gibt, der dich vermisst.

Immer wenn

Immer wenn die Liebe mich des nachts besucht,
das Leben sich den schönsten Weg aussucht.

Wenn Träume in den Köpfen wachen,
Münder schweigen, Augen sprechen.
Und zwei Menschen gemeinsam lachen,
das ewige Schweigen brechen.

Immer wenn das Leben traurig scheint,
und auch jede Wolke aus Trauer weint.

Wenn Tränen wandern gehen,
auf den Wangen ihr Leben fänden.
Und das Leben kaum gesehen,
schon weggewischt von starken Händen.

Immer wenn sich meine Augen schließen,
die Sicherheit stumm und leis' genießen.

Wenn Träume auf mir schweben,
jede Sekunde die Gedanken erhält.
Und Geister mir die Hände geben,
mich zurückholen in uns're Welt.

Immer dann denke ich nur an dich,
und möcht' dir sagen, ich liebe dich.

Lass uns träumen, lieben, weinen,
so, wie das Leben uns geschenkt.
Und lass die Sonne ewig scheinen,
in ein Herz, das an dich denkt.

Kelch meines Herzens

Im Kelch meines Herzens
Sollst du dich sammeln und finden.
Ein Gefäß für den Wein deines Lebens,
der nicht nur süßlich
auch bitter im Geschmack.
Im Herzen läg er sicher und klar
und hohe Winde schützten vor dem Wind,
dass nicht zu hohe Wellen schlagen.
Ich weiß wie stark Orkane sind,
denn meine Heimat ist dorten,
wo die großen Stürme jagen.
Wirf den Kelch nicht um,
er kann den Winden trotzen
und auch die Beben hält er aus,
aber er kann dich nicht halten,
wenn du es nicht mehr willst.
Und wenn ich dich verlör für immer,
ich sähe mich um, wie Orpheus,
der eine, der liebte und Ängste litt,
bis er sie sah,
und statt der Liebsten nur leere Luft erfasste.
Ich fing deinen letzten Blick
Und trüge ihn im leeren Kelch,
der sonst nichts halten sollt'.
Und wenn ich sonst nichts hätte,
ich wäre doch so reich.
Denn durch die Augen sieht man alles,
von der Seele bis zum ersten Augenblick.

Und ich hätte diesen letzten Blick,
in dem alles geschrieben steht.
Unser Leben durch deine Augen gefiltert,
vom ersten Kuss bis zum letzten
„Ich will nicht mehr!"
Und wenn dort nichts mehr wäre,
außer ein wenig Schmutz,
der im Rad der Zeit mitgetrieben ist,
ich schaute abermals zurück,
denn dort warst du.

Liebesleben

Schweigend sitzen sie beim Essen,
starren einig auf ihr Glas.
Sie haben das Lieben vergessen,
so wie man einst den Tod vergaß.

Sie hatten einst nur Träume:
Ein Haus, ein Kind, ein Garten.
Draußen blühen Apfelbäume
und sie sitzen da und warten.

Das Ticken durchschlägt die Stille,
die Zeiger stehen auf halb sieben.
Ein zarter Glanz weitet die Pupille,
wären sie doch nur jung geblieben.

Erloschen

Die Augen, die mein Herz entbrannten,
sehen fort, als ob nichts sei.
Die Blicke, die meine Träume kannten,
schauen fremd an mir vorbei.

Die Lippen, die nach Liebe schmeckten,
wenden sich schweigend von mir ab.
Die Worte, die meine Haut bedeckten,
bröckeln leise von mir herab.

Das Herz, das meine Seele trank,
spricht meinen Namen nicht.
Der Kopf, der in meinem Schoß versank,
merkt nicht, dass mir das Herz zerbricht.

Kein Feuerwerk

Dort ist kein Feuerwerk,
kein wildes Funkensprühn.
Kein buntes Blumenmeer,
kein Halm, der in die Höhe wächst
Dort spielt keine Musik
und kein Vogel zwitschert.
Dort klingt kein Wort
und keine Silbe.
Dort ist kein Ding,
das sich bezieht.
Dort ist kein Blick
und keine Geste,
kein Lächeln, das dich atmen lässt.
Dort ist kein Du, kein Ich,
dort ist kein Wir.
Dort ist kein Licht.

Dort ist nur Einsamkeit und Stille,
wo ein liebend Herz leis' zerspringt.

Trauer

Gedanken eines Trauernden

Unser letzter Sommer
Ging so schnell vorbei.
Obwohl ich stetig glaubte
dass es für immer sei.

Ich sah den letzten Regen
Auf deiner zarten Hand.
Der an diesem Morgen
Deine Nähe fand.

Dein allerletztes Lächeln,
das galt nur meinen Worten.
Denn „Du bist die Schönste
Hier und allerorten."

Sah den hölzern Kasten
Der deinen Körper trug.
War schlicht an hellen Farben,
nur mit schwarzem Bezug.

Im Angesicht der Wunde,
batest du nur eines mich.
In deiner letzten Stunde,
dass ich denk an dich.

Jedes Denken schmerzt,
dich nie wieder zu sehn.
Man sagt, dass jeder Schmerz
Soll irgendwann vergehn.

Morgen fallen Tränen

Heute bist du noch ein König,
in deiner kleinen Welt.
Die schon bei einem Zweifel
Wie ein Kartenhaus zusammen fällt.

Heute kannst du noch genießen,
was das Leben dir täglich gibt.
Bis sich alle Türen schließen
Und niemand mehr dich liebt.

Morgen sitzt du in dem Sessel,
den dein Bruder dir geschenkt.
Erinnerst dich an alte Zeiten
Und weißt, dass niemand deiner denkt.

Morgen fallen ein paar Tränen
Auf dein kaltes Mittagessen.
In Sicherheit wirst du dich wähnen,
doch alle haben dich vergessen.

Die alte Birke

Einmal bin ich eingeschlafen,
heut am Tage, als die Sonne schien.
Und so oft, wie beim Schlafen,
hab' ich auch dieses Mal geträumt.
Geweckt vom Rauschen des Baches,
lag ich tränend in deinem Arm.
Du tröstende, alte Birke.
Ich fühlt' noch nach den Namen,
die eingeritzt, schon seit Jahren,
in deiner Rinde sind.
Der Name meines Liebsten,
neben dem, den ich meinen nenn'.
Und mag es auch schon lang her sein,
ist's nicht zu alt, dass ich's nicht erkenn'.
Liebste, schöne Birke,
verbirg' der Vergangenheit Schatten
in deinem Laub.
Nicht dass ich vor Gram
um meinen Liebsten
noch in deinen Armen sterb'.

Die Träne

I
ch
wüns
chte, ich
hätte   dein
Lächeln stets
in meinem Gesicht.
Denn deine Worte
trocknen meine
Tränen nicht.

Dein schneller Tod

Still und leise gehst du,
legst dich sanft zur ew'gen Ruh'.
Trauerst nicht nach dem, was du geliebt,
nimmst nicht mit, den, der dir alles gibt.
Es war nur eine Sekunde deines Lebens,
du hast gekämpft, aber leider vergebens.

Sehnsucht

Gedanken eines Sehnenden

Jedes Lächeln von den Lippen
meines schweifenden Gesichts
hängt an Bergen und an Klippen
nah der Heimat findet's nichts.

Die Gedanken wandern fort,
nur verweilend in der Ferne
suchend nach dem einen Ort
den ich mochte stets so gerne.

Aller Freude tiefstes Streben
Nur auf einen Mann gelenkt.
Der in diesem meinem Leben
Mir den Lebensatem schenkt.

Freiheit

Die Schiffe wiegen sich im Hafen,
träumend von der Fahrt aufs Meer.
Zwischen Gottes großen Schafen,
da werden ihre Träume schwer.

Verliebt in das Wasser, das Blau,
wollen sie gerne weiterziehen.
Aber sie wissen ganz genau,
sie können dieser Welt nicht entfliehen.

Sehnen herbei die Sonne und den Morgen,
bevor eines von ihnen ganz zerfällt.
Denn dann können sie ganz ohne Sorgen,
wieder fahren in die große, weite Welt.

Zukunft

Ungewiss springt er weiter,
der Wecker an meiner Seite.
Jedesmal vergeht eine Sekunde,
die sich manchmal minutenlang ausbreite.

Kostbare Zeit rauscht an denen vorbei,
die oft in ihrer Ruhe nachdenken.
Wenn sie mit ihren Gedanken
Der Welt ein paar Worte schenken.

Künstler leben frei von dem Drang,
der zwingend Zeit bestimmt.
Denn ein Werk, ist nur gut,
wenn man sich die Zeit dazu nimmt.

Morgen kann bald gestern sein,
noch vieles wird geschehen,
denn auch wenn man es wünscht,
bleibt die Zeit niemals stehen.

Trost zu finden in der Zukunft,
die Ungewisses bringt.
Hören auf den Vogel,
der schon Jahre sein Liedlein singt.

Gedenken denen, die schon waren,
es werden noch viele sein.
Verschwenden der garst'gen Gegenwart,
und die Zukunft ist dein.

Gestern war schon heute,
als ich mich noch versah.
Und morgen ist schon
Das nächste „heute" da.

Gegenwart

Sie kommt leichenblass aus der Toilette,
morgen ist auch noch ein Tag.
Wer ist dieser Herrgott,
der den Menschen soviel Schmerz vermag?

Tränen füllen seine Augen,
gestern war er noch froh in dieser Welt,
Sie war so wunderschön und lieb,
das Mädchen, das ihm gefällt.

Schwarz wird ihr vor Augen,
sie will ihn nicht sehen.
Magenkrämpfe und Schmerzen
Hindern sie am Weitergehen.

Immer wieder senkt er den Kopf,
zum Boden das Gesicht.
Dort steht sein Mädchen,
aber er sieht sie nicht.

Der Traum

Ein Traum, so wunderschön und weich,
diese Augen machten mich so reich.
Dieses Lächeln hat mich verwirrt,
bin jahrelang herumgeirrt.
Habe nach meinem Traum gesucht,
die halbe Welt verflucht.
Auf Knien gebettelt und gefleht,
konnte es nicht glauben, dass er vor mir steht.

Abschiedsfrage

Was würdest du tun,
Wenn die Wahrheit lügt?
Das Blatt in der Luft
Den Wind betrügt?
Wenn vorbei auch
Wirklich vorbei heißt,
Wenn du mehr
Als ich weißt?
Was ist,
Wenn mir am Ende die Kraft fehlt,
Wenn jeder Schritt
Mein Herzlein quält?
Wenn dieser Tag
So schnell vorbei ist,
Und du
Nie mehr bei mir bist?

Gedichte schreiben

Kälte durchstreift ihre zarten Finger,
wenn sie innerlich in dein Antlitz zeigt.
Du schaust in ihre strahlenden Augen,
bis ihr Kopf sich zum Blatte neigt.

Sie friert jeden Tag innerlich,
könnte man es denn auch sehen?
Wenn du nur einmal, nur einmal, ...
dann könntest du sie verstehen.

Ihre Hände schreiben und lieben,
dafür sind sie auch gemacht.
Und wenn sie darüber denkt,
ist es nur ihr Herz, das lacht.

Sie liebt die Liebe, die Gedichte,
und vor allem liebt sie nur dich.
Sie träumte von deiner Augen Glanz,
als die Erde noch dem Himmel glich.

Vergänglichkeit

Der Blick in deine Augen,
die Welt ist wunderschön.
In Zukunft wollen wir leben,
uns immer strahlend sehn.

Schönes schauen wir im Spiegel,
stark wie wir hier stehen.
Die Zeit wird es uns nehmen,
denn bald werden wir vergehn.

Sterben werden wir beide,
doch jeder muss alleine gehn.
Was bleibt uns dann vom Leben,
wenn wir nie uns wiedersehn?

An die Taube

Wunderschönste Taube,
wo fliegst du hin?
Grüß' mir die Sonne,
du Himmelsbote meiner Träume,
grüß' mir meinen Gott.
Und grüß' mir das Leben,
in der Ferne dieser Welt,
das Leben, das ich nie gelebt.
Gefiederter Freund, flieg',
aber flieg' nicht zu weit.
Missen will ich dich, nie,
für allzu lange Zeit.
Fliege und grüße mir die Welt,
kehre bald zurück,
du schönster Himmelsstern.
Und bring' Freude mit,
bring' Glück den Menschen hier.
Bring mir, nein,
bring meinem Land den Frieden.

Der Schnee

Die Handschühchen angezogen,
die Tränen nicht verwischt.
Die Spang' ins Haar gebogen,
gesagt: „Das möchte ich nicht."

Den Schal ganz eng gebunden,
die Schühchen ungeschnürt.
Den Ring im Schlamm gefunden,
den Schnee im Haar gespürt.

Verzweiflung

Gedanken eines Verzweifelten

Ein Buch mit tausend Seiten
könnte mir das Leben sein.
In ihren Längen und Breiten
scheinen sie wie eins zu sein.

Die Seiten würden golden
Glänzen, doch ihrer anstatt
erscheinen die ungewollten
Eselsöhrchen auf jedem Blatt.

Die fleckig gelben Seiten
Duften leicht vergilbt.
Vom Wechsel der Gezeiten
Sind Blätter aufgequillt.

Das Cover voller Narben
Die Ecken wie zerfressen.
Sieht man kaum die Farben
Hat den Inhalt fast vergessen.

Der Titel meines Lebens
schwindet schnell dahin.
Ich nannte es vergebens:
„Weiß jemand wer ich bin?"

Nebenan

Blut rinnt von der Hand,
tropft zu Boden in die Leere.
Erschafft wunderbares Land
Und feuerrote Meere.

Eine Karte auf Pflasterstein,
gefüllt mit ewigen Schmerzen.
Doch bildlich klar und rein,
geschaffen mit dem Herzen.

Nacht legt ihre Schatten,
auf meine Schultern nieder.
Umgeben von schwarzen Ratten,
singe ich die schönsten Lieder.

Sie durchlaufen das Blut,
mit rotgetränkten Füßen.
Laufen durch Feuer und Glut,
sollen mir die Sonne grüßen.

Abendphantasien

Leidlich gekommen,
in den Weg der Dunkelheit.
Vergangenheit verschwommen,
Zukunft voller Heiterkeit?
Kenntnis genommen,
vom Leid der Unterwelt.
Träume umgekommen,
das Leben ganz entstellt.
Klagen vorgenommen,
im Schutz der Funken.
Nichts scheint vollkommen,
nur die purpurnen Unken.

Hunger

Wider gegen jeden Willen,
fest gefangen in deiner Hand.
Lust und Gier sich stillen,
an fremden Ufern, in fremdem Land.

Emotionen sind verdrängt,
in die dunkelsten Ecken.
Wenn der eine sich erhängt,
und die anderen verrecken.

Silben kommen dir entgegen,
unmaskiert und leicht zu fangen.
Salzig tropft der dünnste Regen,
hinunter von meinen Wangen.

Die Toten sind reglos und leer,
die Geier werden sie sich holen.
Die Beute sei groß und schwer,
bald gebraten auf den Kohlen.

Um uns ziehen sie ihre Kreise,
die Schatten wandern hin und her.
Und ich flüstere ganz leise:
„Gesalzen schmecken wir nicht mehr.“

Es ist Nacht

Stell dir vor, es ist Nacht,
du legst dich auf die Schienen.
Es kommt ein Zug, doch du bleibst liegen,
was würdest du tun?
Würdest du die Augen öffnen oder schließen?
Würdest du schreien oder ewiglich schweigen.

Stell dir vor, es ist Nacht,
und du liegst in deinem Bett,
alles ist ruhig um dich herum.
Und obwohl du weißt, dass du alleine bist,
spürst du eine Hand, die dich berührt.
Wirst du dich erschrecken,
wenn du das Licht anmachst,
und niemand ist da?

Stell dir vor, es ist Nacht,
du siehst zu den Sternen
und sagst vor lauter Gram
                um verlorene Gefühle:
„Ich wünschte, ich wäre tot."
Plötzlich rast ein Stern auf dich nieder
Mitten in dein Herz.

Vielleicht bemerkt dich irgendjemand,
die kleine Wunde an deinem Herzen.
Aber eines wäre sicher,
du würdest sowieso sterben.

Gedanken

Quälend viele Fragen
Schreien mich an
Rufen meinen Namen
Und schweigen mich an
- Stundenlang.

Süße, kleine Phantasien
Fesseln mir die Blicke
Verzaubern meine Sinne
Belügen mir den Kopf
- Und erschlagen mich.

Hammerschläge schmettern
Auf meine Hände nieder
Dass der Zeigefinger
Dran glauben musst
- Und ich bin wehrlos.

Ideen durchschwirren
Meinen Kopf
Wie ich könnt' mir
Wohl behelfen
- Und mir fällt nichts ein.

TOT

Er träumte sich in eine bessere Welt,
dorthin, wo Liebe kein Verbot.
Er drückte noch einmal ihre Hand,
ja, sie war wirklich tot.

Er schrie ganz leise, weinte laut,
seine Hoffnung war jetzt gegangen.
Auf ihr hatte er alles aufgebaut,
Gedanken, die ihn hart durchdrangen.

Er war verlassen, er war allein,
eine große Welt, er war so klein.
Keiner da, der ihm zur Seite steht,
weil jeder an ihm vorüber geht.

Die Hände voller Blut,
das Hemd voll mit Schweiß.
Verlassen vom Mut,
weil er keinen Ausweg weiß.

Die Kälte der Nacht,
die ihn einfach vergisst.
Ihn sehr traurig macht,
solange er am Leben ist.

Er schreit, der Herr soll ihm vergeben,
nur dies eine Mal, ruft er lobend.
Die Nacht zerreißt sein Leben,
und er liegt tot am Boden.

Herzloser Krieg

Die junge Frau sucht nach ihrem Kind,
verloren im Krieg, verweht vom Wind.
Der Mann schwieg und bekam
                                       die Strafe hierfür,
man erschoss Frau und Kinder direkt
                                       vor der Tür.

Das kleine Mädchen am Straßenrand,
hält verkrampft den Teddy in der Hand.
Es hat nichts, was ihm geblieben ist,
der herzlose Krieg, der die Kleinen vergisst.

Tränen mit Blut in Flüssen geflossen,
Türen und Fenster fest verschlossen.
Die Schreie in eiskalter Winternacht,
wenn mancher Säugling sterbend erwacht.

Trauriger Verliebter

Das Blut ist kalt, das Blut bleibt rot,
das Herz ist gebrochen, heilt nimmer mehr.
Das Mädchen, das er liebt, ist tot,
die Welt wirkt grausam und endlos leer.

Er wollte ihr helfen, ihren Schmerz heilen,
sie war sehr krank und musste
                    letztendlich sterben.
Er kann nur noch bei ihrem Leib verweilen,
weinend hält er sie im Arm,
             wollte doch ihr Mann werden.

Doch er weiß, sie hat sich selbst
             ums Leben gebracht,
denn sie hasste den Schmerz,
          das ewige Schreien.
Er fragt sich, warum, sie hat
         doch so oft gelacht,
und doch konnte er sie nicht von
        ihren Schmerzen befreien.

Er sitzt einfach da und träumt
         weinend von ihrer Liebe,
er hatte doch die Hoffnung, dass sie
        wieder richtig fröhlich ist.
Doch alle Stückchen von
        Erinnerung sind wie feste Hiebe,
denn jetzt ist sie weg, und weiß
       nicht, wie sehr er sie vermisst.

Schreiende Angst

Der Schweiß treibt über deine Stirn,
wirre Träume durchbohren dein Gehirn.
Du schreist halblaut aus lauter Not,
das Mädchen, das du liebst, ist tot.

Das Kissen unter deinem Kopf ist zerdrückt,
du weinst leise und das Herz spielt verrückt.
Du wolltest so vieles tun, hast alles versäumt,
mein Prinz, wach auf, du hast nur geträumt.

Du ringst nach Luft und schaust mich an,
überglücklich bist du, dass ich nicht sterben kann.
Wenden will ich dir dein nasses Kissen,
und dich für gute Träume lang, zart küssen.

Papier

Die Welt ist verrückt.
Blatt, Papier, Zettel,
lesen, falten, lesen,
Inhalt, Worte, Sätze,
abgehackt, ohne Sinn,
sinnvoll gut verpackt.
Mädchen, Junge.
Worte, Gedanken,
wie aus einer
Quell' entsprungen.
Bilden neuer Wege,
alte ganz verschließen.
Geträufelt wildes Poltern,
jeden Kriegspfad gut genießen.
Sonderlich nichts zu wissen,
schnell vieles vergessen.
Und doch kommt man nicht,
von diesem einen Gedanken los.

Die Hand

Er hebt sie
Hält sie in die Höhe
läßt sie wieder enttäuscht fallen
und fuchtelt in der Luft
Sie spürt ihres gleichen
Und erstarrt
Er hat Angst
Und sie schlägt zu.

Minuten des Todes

So sitz ich hier fern deiner,
und schau in eine trostlose Welt.
Der Wind wirkt immer feiner,
bis der letzte Apfel fällt.

Was nützt ein süßes Lachen,
das nichts bewirken kann.
Können wir doch nichts machen,
nur so dann und wann.

Geschnitten an den Wunden,
die man Verzweiflung nennt.
Ein Körper ganz geschunden,
weil er keine Freude kennt.

Helfen ohne etwas zu sagen,
die Schmerzen zu finden.
Die lauten Schreie zu ertragen,
bis sie im Tode verschwinden.

Grundlos tot

Sie war immer ein fröhlicher Mensch gewesen,
wollte immer stets in allen Augen Gutes lesen.
Sie war nie abgeneigt, einen Fehler zu machen,
um nicht nur über die Dummheit
                    andrer zu lachen.

Sie konnte keine Menschen leidend,
                         weinend sehen,
aber ihre eigene Not ließ sie einfach geschehen.
Sie war oft ganz anders, als sie sich
                    wirklich kannte,
wenn sie immerwährend mit
geschlossenen Augen gegen Mauern rannte.

Er hatte ein Messer in der Tasche,
und erstach sie mit 8 Stichen.
Er hatte ein Messer in der Tasche,
bis die Blutstropfen aus ihren Wunden wichen.

Sie hatte die ersten Brücken schon überwunden,
doch mit der Zeit sind
                    ihre Gefühle verschwunden.
Sie hatte doch geliebt,
                    diesen einen einzigen Mann,
aber jetzt mußte sie erfahren,
wie schnell man doch vergessen kann.

Der Leichtsinn trieb ihr Leben,
          nachts allein im Wald,
weinend, schluchzend, zweifelnd, frierend kalt.
Der Unbekannte kam von hinten
          und presste auf ihren Mund,
sie starb noch in dieser Nacht,
          ganz still, ganz leis', ohne Grund.

Er hatte ein Messer in der Tasche,
und erstach sie mit 8 Stichen.
Er hatte ein Messer in der Tasche,
bis die Blutstropfen aus ihren Wunden wichen.

Das Blut könnt' ihn verraten,
seine Finger sind gewaschen.
Dennoch spürt er seine Taten,
das Blut in den saub'ren Taschen.

Vor ihrem Grab steht er voller Angst,
sie könnte sagen: Er war's, doch dafür
     fehlt ihr Zung' und Mund.
Er kennt nicht ihre Eltern, ihre Liebe,
er weiß, er tötete sie einfach, ..., ohne Grund.

An der Brücke

Nun steh ich hier am Flussesufer,
die Brücke flüstert mir:
„Tu's nicht, es wird's chmerzen."
Und ich sage laut zu ihr:
„Ich habe keine Angst,
größter Kummer zerriss mir mein Herz."

Ich schaue auf die wogenden Wellen,
und meine Seele lernt fliegen.
„Tu's nicht, du wirst nie wieder etwas spüren."
Und ich spreche zur Brücke:
„Ich habe keine Furcht,
verlor doch das, was ich spüren wollte."

Die Brücke wirft ihren Schatten,
über mich und mein Gesicht:
„Tu's nicht, es wird ewig dunkel sein."
Und ich lächle in die Nacht:
„Ich habe nichts zu verlieren,
die Sonne, die ich lieb', scheint jetzt woanders."

Kurz gesagt

Trauriger Träume
Tränenfall.
Leuchtender Tränen
Traumzerfall.
Gehasste kleine Welt
Zerstörungsknall.
Hoffend tränende Augen,
schönster Silbenfall,
Schreiende Angst
Wortesschall.

Wut

Gedanken eines Wütenden

Ich möcht' zerschlagen deinen Schwur,
vernichten, was dir heilig scheinet.
Ich wünsche und begehre nur,
dass dich und mich kein Ding mehr einet.

Ich will zerschmettern jeden Stein,
zerstörn worauf du stetig gangest.
Gib mir dein herz, ich reiss es ein,
sodass du nicht mehr meiner bangest.

Ich werd' nicht achten meines Seins,
und schneide mich an unsern Scherben.
Gefühle kenne ich nur eins,
vermöge ich auch dran zu sterben.